Dem Rechtschreiben auf der Spur

Bernd Jockweg | Claudia Vaubel-Graf

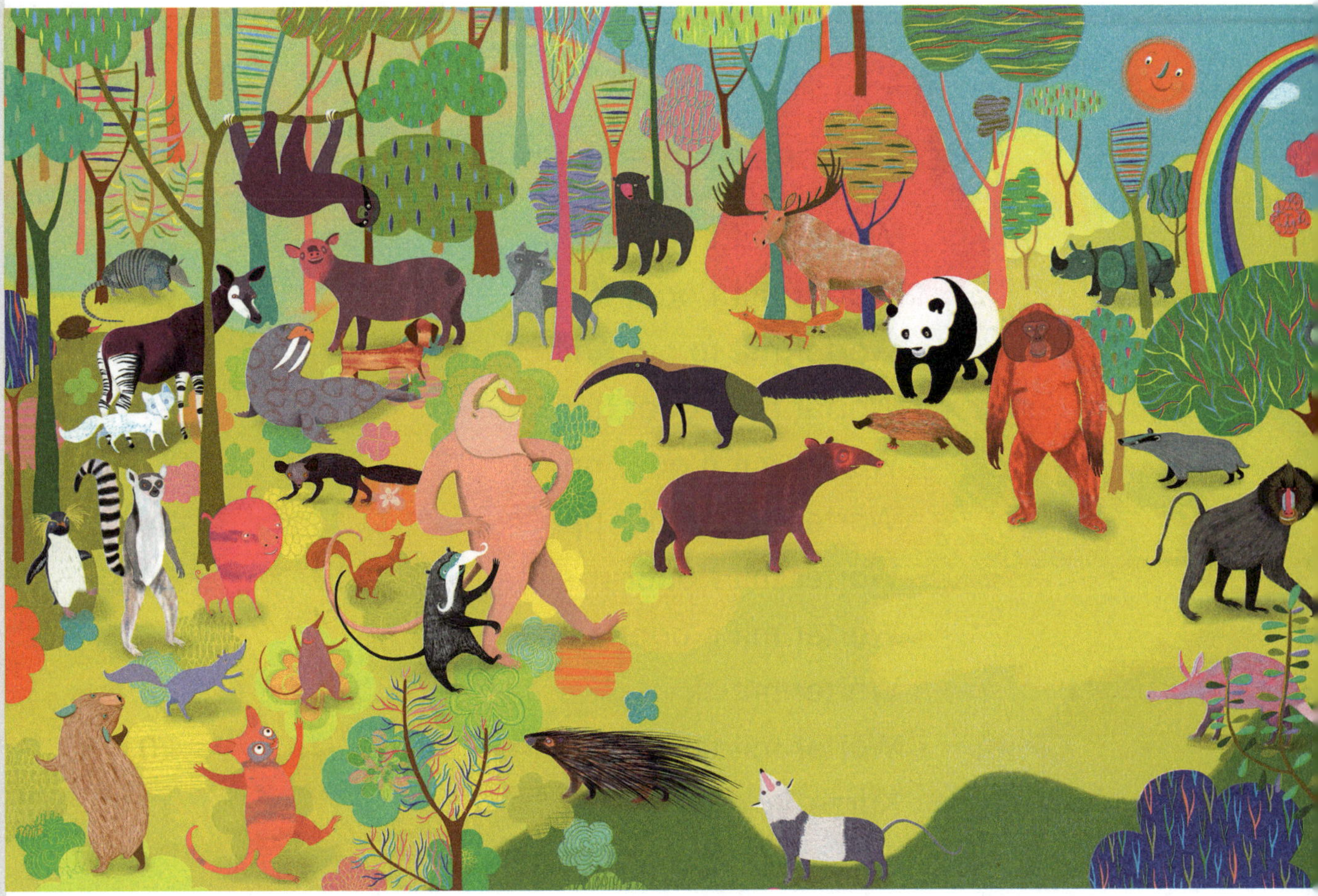

Vokale, Konsonanten und ihre Besonderheiten

Druckschrift

Heft 4

Inhaltsverzeichnis

Vokale und Konsonanten

Unsere Buchstaben gehören zu zwei Gruppen:

Vokale (Selbstlaute)

Konsonanten (Mitlaute)

Es gibt fünf Hauptvokale:

Das lange „i“ wird meistens so geschrieben:

Daneben gehören auch die drei Umlaute zu den Vokalen. Du erkennst sie an den Punkten über dem Buchstaben:

Auch die Doppellaute gehören dazu. Man nennt sie auch Zwielaute. Sie bestehen immer aus zwei Vokalen:

Zu den Konsonanten zählen wir im ABC 21 Buchstaben:

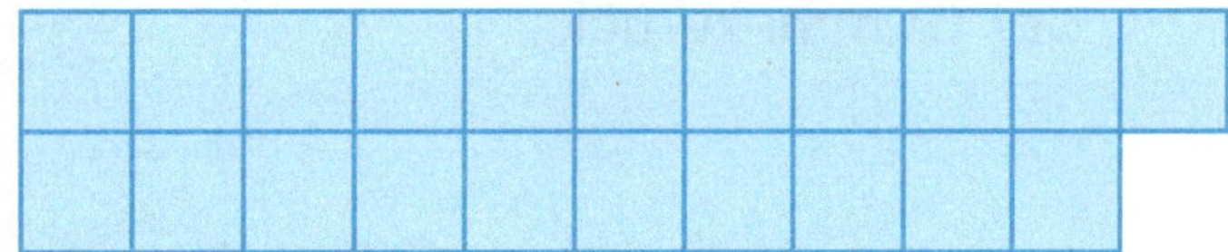

Beachte: Das Q schreiben wir fast immer mit angehängtem u: Qu oder qu.

Das Y wird manchmal auch wie ein Vokal benutzt, dann hört es sich an wie i oder ü: Baby, Xylophon …

In der Buchstabentabelle finden sich noch ein paar Buchstabenverbindungen aus Konsonanten und Vokalen, wie ..er, sp, st, sch, ch oder auch das ß.

Vokale klingen kurz oder lang

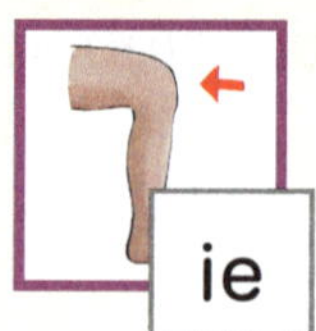

Bei den wichtigen Vokalen stehen jeweils zwei Bilder.
Manchmal klingen diese Vokale nämlich lang, wie bei **Ameise**, **Esel**, **Igel**, **Ofen** oder **Ufo**. Manchmal klingen sie aber auch kurz, wie bei **Ananas**, **Ente**, **Insel**, **Orgel** oder **Unterhose**.

Wie klingt der Selbstlaut zum Beispiel im Wort **Glas**?

Tipp 1: Versuche das Wort einmal mit einem laaaaangen aaaa, einmal mit einem kurzen a auszusprechen. Was klingt richtig?

Tipp 2: Hierzu brauchst du einen Gummi. Ziehe ihn beim Sprechen lang:

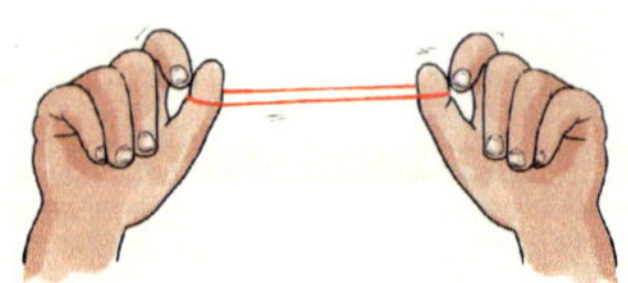

Bei einem langen aaaa kannst du den Gummi lang ziehen.

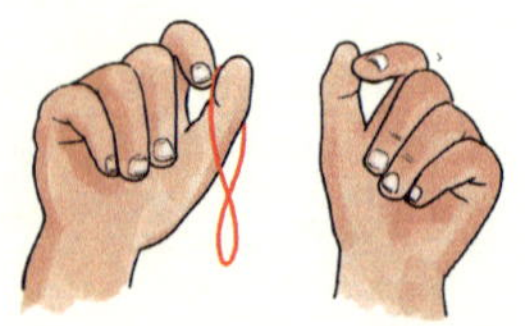

Bei einem kurzen a schnappt der Gummi zurück.

Markiere auf den nächsten Seiten lange Vokale mit einem Pfeil, kurze Vokale mit einem Punkt:

Glas

Sack

Lange und kurze Vokale: u

1 Überprüfe bei den folgenden Wörtern: Klingt das u lang wie bei **Ufo** oder kurz wie bei **Unterhose**?
Markiere lange u mit einem Pfeil, kurze mit einem Punkt.

Lupe, Butter, nun, rufen, Futter, Hund, Kuss, Bub, putzen, Flut, Schmutz, Fuß, Gruß, Juli, klug, Kugel, Minute, Schule, Spule, Wut, Kunst, Luft, Mutter, Nummer, Mut, Puppe, Burg, dumm, gut, Gruppe, Hummel, Hupe, Fluss, Turm, Wunsch, Blume

2 Trage die Wörter von Aufgabe 1 in die richtige Liste für lange und kurze Vokale ein:

Lupe,

Butter,

1

Lange und kurze Vokale: o

1 Überprüfe bei den folgenden Wörtern: Klingt das **o** lang wie bei **Ofen** oder kurz wie bei **Orgel**?
Markiere lange **o** mit einem Pfeil, kurze mit einem Punkt.

Boden, kommen, Korb, Post, oft, Rock, rollen, holen, los,
Schloss, sollen, Sommer, stolz, toll, wollen, bohren, Brot, Dose,
Europa, groß, trocknen, Wolf, Hof, Melone, Monat, Note, rot,
Donner, doppelt, Dorf, hoffen, schon, Strom, Vogel

2 Trage die Wörter von Aufgabe 1 in die richtige Liste für lange und kurze Vokale ein:

Boden,

kommen,

1

Lange und kurze Vokale: a

1 Überprüfe bei den folgenden Wörtern: Klingt das a lang wie bei **Ameise** oder kurz wie bei **Ananas**?
Markiere lange a mit einem Pfeil, kurze mit einem Punkt.

Affe, acht, dann, Faden, falsch, Frage, Gabel, Gast, Gras, Hafen, hallo, Hand, Hase, Jacke, kalt, Kamm, Kater, Mann, Mappe, Nadel, Name, nass, packen, Plan, Rabe, schaffen, Saft, Schaf, Tafel, Tasse, Wagen, wann, Wasser

2 Trage die Wörter von Aufgabe 1 in die richtige Liste für lange und kurze Vokale ein:

1

Lange und kurze Vokale: e

1 Überprüfe bei den folgenden Wörtern: Klingt das **e** lang wie bei **Esel** oder kurz wie bei **Ente**?
Markiere lange **e** mit einem Pfeil, kurze mit einem Punkt.

Bett, Efeu, denn, schwer, Geld, Weg, Hemd, Herr, wem, nett, Rettung, schnell, Leguan, Teddy, mehr, wenn, bremst, Delfin, echt, elf, fest, geht, her, Paket, Thema, Amerika, Mehl, Decke, Reh, Dreck, quer, Schreck, sehr, zehn

2 Trage die Wörter von Aufgabe 1 in die richtige Liste für lange und kurze Vokale ein:

Efeu,

Bett,

1

Lange und kurze Vokale: i

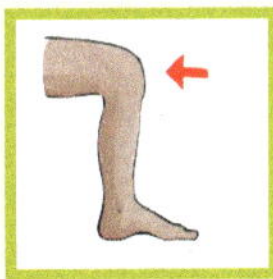

1 Überprüfe bei den folgenden Wörtern: Klingt das i lang wie bei **Igel** oder am Ende von **Knie** oder kurz wie bei **Insel**?
Markiere lange i oder ie mit einem Pfeil, kurze mit einem Punkt.

Anpfiff, Biene, beginnen, Bild, Spiel, Blinde, schief, bitte, hier, Dieb, Blick, Igel, Brille, tief, Liebe, dick, viel, gewinnen, Himmel, irren, Kiste, Mittag, nicken, Papier, Schiff, liegen, schlimm, Brief, Lineal, Tipp, Wind, Zimmer, Kamin, Musik, sieben, Tiger, wir

2 Trage die Wörter von Aufgabe 1 in die richtige Liste für lange und kurze Vokale ein:

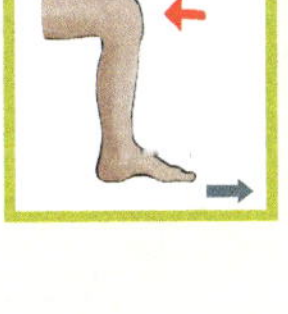

Biene,

Anpfiff,

1

Das lange i

1 In diesen Wörtern steckt jeweils ein langes i, meist wird es als ie geschrieben. Markiere in den Wörtern das ie oder i mit zwei verschiedenen Farben.

Miete, Igel, niemand, Zwiebel, kriechen, Tiger, biegen, fliehen, fließen, frieren, Gebiet, Tier, Wiese, gießen, Kamin, Musik, Kiefer, lieber, riechen, schieben, fliegen, schließen, diese, sieben, wieder, Spiegel, Lied, quieken, Stiel, wiegen, ziehen, Maschine, bieten, Ziel, Krieg, lieben

2 Schreibe die Wörter aus Aufgabe 1 in die richtige Liste für i und ie ein:

Miete,

Dies sind Merkwörter, da ein lang gesprochenes i nur selten mit einem einfachen i geschrieben wird.

4

Wörter mit ie – Kreuzworträtsel

1 Löse das Kreuzworträtsel.
Schreibe jeden Buchstaben in ein eigenes Kästchen.

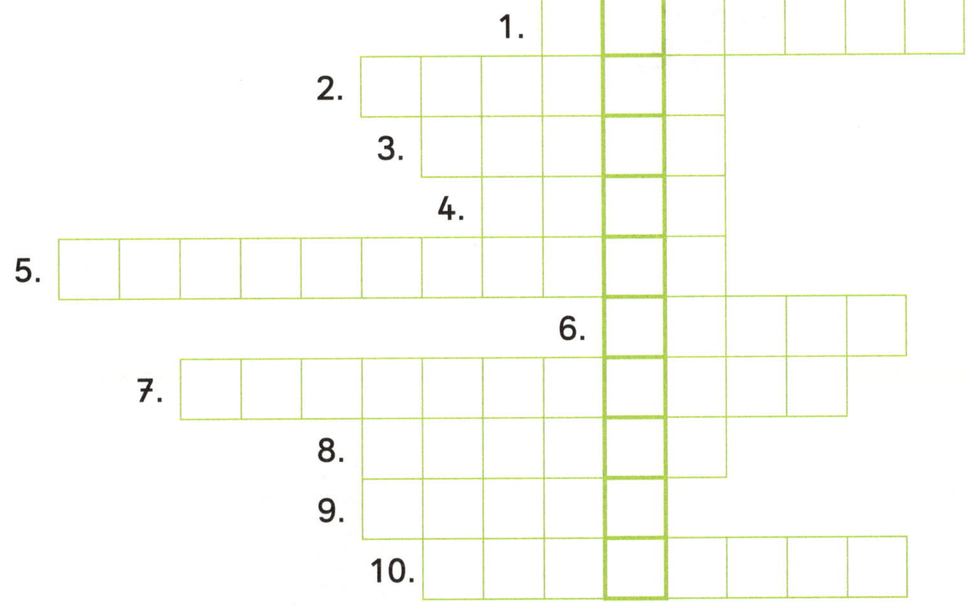

1. Das Gegenteil von Krieg
2. Daraus werden Hefte gemacht.
3. Dieses Tier meckert.
4. Zwischen drei und fünf
5. Ein kleiner Ausflug zu Fuß
6. Eine Nachricht per Post
7. Etwas Süßes, das ein bestimmtes Insekt für uns sammelt
8. Ein manchmal lästiges Insekt
9. Das Gegenteil von einem Zwerg
10. Zwischen Montag und Mittwoch

Lösungswort:

2 Schreibe den folgenden Text unten auf die Seite 12.
Markiere zunächst schwierige Stellen, auf die du besonders achten musst.
Achte auch auf Groß- und Kleinschreibung. Vergiss keinen Buchstaben.

Sieben Tiere spielten ein Spiel.
Sie liefen vier Runden um die grüne Wiese.
Die Biene wollte nicht verlieren, weil sie viel besser fliegen konnte. So flog sie als Erste ins Ziel.

Reimwörter mit ie

1 Schreibe die Reimwörter auf.

Tier
v
h
Pap
Klav
Z
G

Dieb
schr
l
Betr
S
bl

Brief
t
sch
l

Wiese
Fl
R

2 Hier ist Platz für den Abschreibtext von Seite 11.
Kontrolliere am Ende noch einmal ganz genau.

Sieben

5

Wörter mit s oder ß

1 Hier findest du viele Wörter mit einem s-Laut nach einem langen Vokal. Manchmal schreibt man den Laut als s, manchmal aber auch mit einem ß. Markiere sie mit zwei verschiedenen Farben. Sprich die Wörter laut und deutlich. Hörst du einen Unterschied zwischen den beiden Lauten?

außer, böse, fließen, groß, heißen, Soße, Hose, leise, Fuß, gießen, lesen, süß, Pause, reisen, Gruß, riesig, beißen, Rose, saßen, Spaß, lösen, Musik, Straße, Wiese

2 Trage die Wörter von Aufgabe 1 in die richtige Liste für s oder ß ein:

böse,

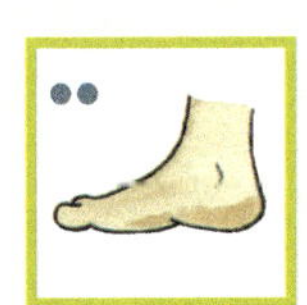

außer,

4

3 Schreibe den folgenden Text unten auf die Seite 14. Markiere zunächst schwierige Stellen, auf die du besonders achten musst. Achte auch auf Groß- und Kleinschreibung. Vergiss keinen Buchstaben.

Rosas großer Bruder heißt Josef. Er nennt sie immer Klößchen. Manchmal wird sie böse, aber meistens weiß sie, er meint das spaßig. Sie liebt es, wenn sie zusammen Musik hören und lesen.

Wörter mit ß

1 Trage die Wörter aus dem Kasten passend in die Lücken ein.

außerdem, ~~draußen~~, Fuß, hieß, saß, Straße, süßen, vergaß, weißen

Lisa fand draußen _____ einen ganz _____,

_____ Hund. Er _____ an der _____

und winselte. Lisa sah, dass er sich den _____ verletzt hatte.

Sie _____, dass sie eigentlich Angst vor Hunden hatte.

Sie brachte ihn Mama. Die sah an seinem Halsband, dass er Tito

_____. Da stand _____ die Telefonnummer der

Besitzer.

2 Hier ist Platz für den Abschreibtext von Seite 13.
Kontrolliere am Ende noch einmal ganz genau.

Rosas _____

5

Aus a, o und u werden die Umlaute ä, ö und ü

Häufig wird aus einem **a** in der Einzahl der Umlaut **ä** in der Mehrzahl. Genauso wird aus **o** in der Mehrzahl manchmal der Umlaut **ö** oder aus **u** der Umlaut **ü**.

Partnerdiktat

Lass dir die Wörter diktieren.
Schreibe sie auf die nächste Seite.

1 Ergänze die Mehrzahl der Wörter.

Einzahl	– Mehrzahl
ein Korb	– viele Körbe
ein Blatt	– viele ______
ein Spaß	– viele ______
ein Frosch	– viele ______
eine Hand	– viele ______
ein Loch	– viele ______
ein Land	– viele ______
ein Buch	– viele ______
ein Schwamm	– viele ______
ein Mann	– viele ______
ein Rock	– viele ______
ein Knopf	– viele ______
eine Mutter	– viele ______

Büsche
Töchter
Wälder
Köche
Gänse
Münder
Mäntel
Vögel
Räder
Bücher
Bänder
Zöpfe
Brüder

4

Aus a, o und u werden die Umlaute ä, ö und ü

Partnerdiktat

Schreibe die Wörter, die dir dein Partnerkind diktiert hat. Kontrolliere anschließend.

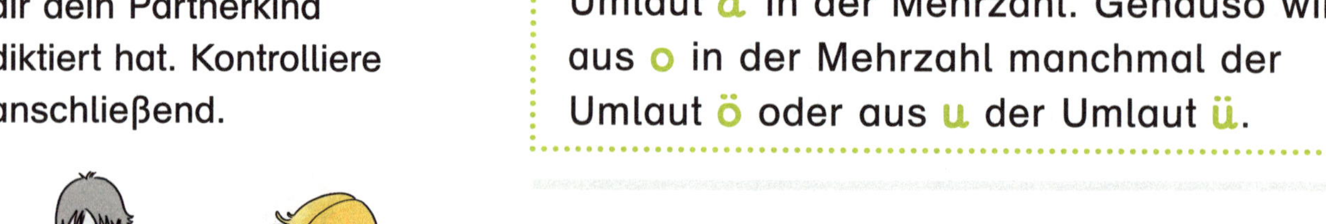

Häufig wird aus einem **a** in der Einzahl der Umlaut **ä** in der Mehrzahl. Genauso wird aus **o** in der Mehrzahl manchmal der Umlaut **ö** oder aus **u** der Umlaut **ü**.

1 Ergänze die Mehrzahl der Wörter.

Einzahl	– Mehrzahl
ein Ton	– viele ______
ein Dach	– viele ______
ein Kopf	– viele ______
ein Duft	– viele ______
ein Hut	– viele ______
ein Apfel	– viele ______
ein Kamm	– viele ______
ein Wolf	– viele ______
ein Stuhl	– viele ______
ein Turm	– viele ______
ein Sturz	– viele ______
ein Sturm	– viele ______
ein Ofen	– viele ______

Aus au wird äu

Häufig wird aus einem **au** in der Einzahl ein **äu** in der Mehrzahl. Aber Achtung: Steht in der Einzahl ein **eu**, bleibt es auch in der Mehrzahl so.

1 Ergänze die Mehrzahl der Wörter.

Einzahl	– Mehrzahl	
ein Haus	– viele	
ein Baum	– viele	
ein Traum	– viele	
eine Beule	– viele	
ein Zaun	– viele	
eine Maus	– viele	
ein Strauch	– viele	
eine Laus	– viele	
ein Freund	– viele	
ein Kraut	– viele	
ein Bauch	– viele	
ein Raum	– viele	
ein Kreuz	– viele	

Wichtige Wörter

Setze die Reihe fort:

für

schön

über

für

schön

über

3

Umlaute – Verkleinerungen

Umlaute tauchen auch häufig bei Verkleinerungen auf.
Verkleinerungen haben in der Regel die Endungen **-lein** oder **-chen**.

1 Ergänze die Verkleinerungen der Wörter.

Das **e** oder **en** am Ende wird häufig weggelassen. **!**

Nomen	–	Verkleinerung
der Frosch	–	das Fröschlein
die Rose	–	
der Hund	–	
die Katze	–	
die Maus	–	
der Turm	–	
das Glas	–	
das Haus	–	
der Bruder	–	
die Frau	–	
der Mann	–	
das Buch	–	
der Garten	–	
das Loch	–	

Umlaute bei Verben

Auch bei Verben können aus a oder au in einigen Personalformen die Umlaute ä oder äu werden.

1 Ergänze die Mehrzahl der Wörter.

Grundform – 3. Person Singular

Grundform	3. Person Singular	
fahren	– er	fährt
laufen	– sie	
schlagen	– es	
fallen	– er	
tragen	– sie	
schlafen	– es	
waschen	– er	
fangen	– sie	
saufen	– es	
halten	– er	
lassen	– sie	
wachsen	– es	
raten	– er	
graben	– sie	

Partnerdiktat

Lass dir die Wörter diktieren.
Schreibe sie auf die nächste Seite.

erklären
hören
kämpfen
können
verspäten
löschen
füttern
möchten
mögen
müssen
flüstern
stören
glänzen

4

Partnerdiktat

Schreibe die Wörter, die dir dein Partnerkind diktiert hat. Kontrolliere anschließend.

Umlaute tauchen auch häufig in den Steigerungsformen von Adjektiven auf.

1 Schreibe die Steigerungsformen der Adjektive auf.

stark, stärker, am stärksten

schwach,

groß,

dumm,

klug,

alt,

jung,

arm,

kurz,

lang,

nah,

warm,

kalt,

Verlängern – d oder t am Wortende

Manchmal hört man am Ende eines Wortes ein t, aber das Wort wird richtig mit d geschrieben. Wenn man die Mehrzahl bildet, hört man die Laute deutlicher. Das nennt man „Verlängern“.

1 Schreibe die Wörter zuerst in der Mehrzahl und dann in der Einzahl auf.

Einzahl	– Mehrzahl
ein Klei ____	– viele ____
ein Nes ____	– viele ____
ein Pfer ____	– viele ____
ein Bil ____	– viele ____
ein Hef ____	– viele ____
ein Bro ____	– viele ____
ein Hun ____	– viele ____
ein Hem ____	– viele ____
eine Nach ____	– viele ____

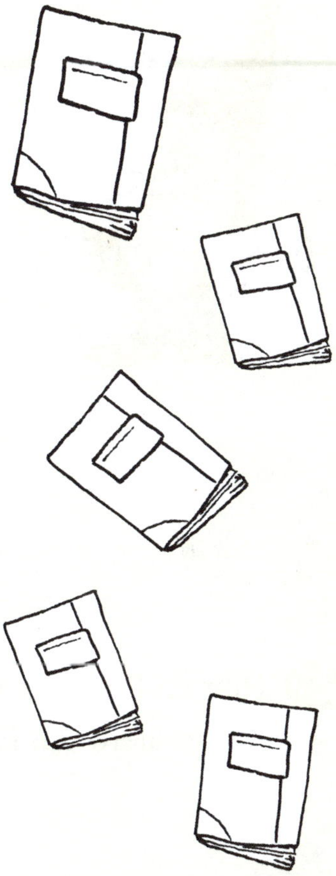

2

2 Schreibe den folgenden Text unten auf die Seite 22.
Markiere zunächst schwierige Stellen, auf die du besonders achten musst.
Achte vor allem auf die Endungen. Vergiss keinen Buchstaben.

Das Kind reitet mit seinem Pferd durch den Wind. Mit der Hand hält es die Zügel fest. Sie reiten über ein Feld, vorbei an einem Wald. Bald wird es Abend und sie müssen nach Hause.

Verlängern – g oder k am Wortende

Manchmal hört man am Ende eines Wortes ein k, aber das Wort wird richtig mit g geschrieben. Wenn man die Mehrzahl bildet, hört man die Laute deutlicher.

1 Schreibe die Wörter zuerst in der Mehrzahl und dann in der Einzahl auf.

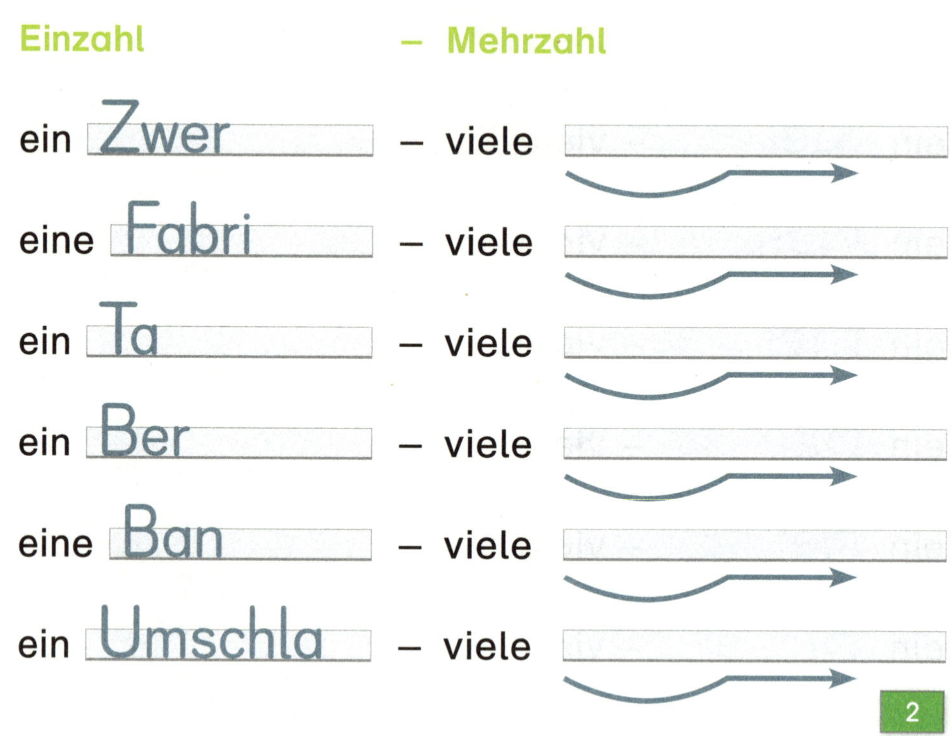

Einzahl	– Mehrzahl
ein Zwer	– viele
eine Fabri	– viele
ein Ta	– viele
ein Ber	– viele
eine Ban	– viele
ein Umschla	– viele

2

2 Hier ist Platz für den Abschreibtext von Seite 21.
Kontrolliere am Ende noch einmal ganz genau.

Das

5

Verlängern – b oder p am Wortende

Manchmal hört man am Ende eines Wortes ein p, aber das Wort wird richtig mit b geschrieben. Wenn man die Mehrzahl bildet, hört man die Laute deutlicher.

1 Schreibe die Wörter zuerst in der Mehrzahl und dann in der Einzahl auf.

Einzahl	– Mehrzahl
ein Sie ____	– viele ____
ein Sta ____	– viele ____
ein Lapto ____	– viele ____
ein Kor ____	– viele ____
ein Urlau ____	– viele ____
ein Mikrosko ____	– viele ____
ein Die ____	– viele ____
ein Kal ____	– viele ____
ein Gra ____	– viele ____

2

2 Schreibe den folgenden Text unten auf die Seite 24.
Markiere zunächst schwierige Stellen, auf die du besonders achten musst.
Achte vor allem auf die Endungen. Vergiss keinen Buchstaben.

Der Zwerg Bob lebt in einem Berg. In seiner Höhle sind Körbe voller Geld und Gold. Bob ist ein Dieb. Er zaubert sich mit seinem Zauberstab jeden Tag in eine Burg und raubt den König aus.

Schwierige Endungen – verlängern

1 In diesem Text fehlen bei einigen Wörtern die letzten Buchstaben. Entscheide dich jeweils für den passenden Buchstaben aus der Klammer. Trage den richtigen Buchstaben in die Lücke ein.

! Denke an den Trick mit der Mehrzahl.

Paul fährt heute zum ersten Mal mit seinem Hun___ (d/t) in einem Zu___ (g/k). Bello muss in einen Kor___ (b/p). Ein Hun___ (d/t) fährt nicht umsonst, das Ticke___ (d/t) kostet auch Gel___ (d/t). Sie fahren in Urlau___ (b/p) zu Pauls Oma. Die Fahr___ (d/t) dauert nur eine kurze Zei___ (d/t). Aus dem Fenster sieht Paul ein Pfer___ (d/t). Ein Mann rennt seinem Hun___ (d/t) hinterher, der Win___ (d/t) weht ihn über ein Fel___ (d/t).

2

2 Hier ist Platz für den Abschreibtext von Seite 23. Kontrolliere am Ende noch einmal ganz genau.

Der ___

5

Verlängern – Endungen bei Adjektiven

Adjektive kannst du steigern, um herauszufinden, ob sie mit einem d oder t, mit einem b oder p oder auch mit einem g oder k enden.

1 Schreibe die Adjektive und ihre Steigerungsform auf.

Grundform		– Steigerung
rund	(d/t) –	runder
star	(g/k) –	
gel	(b/p) –	
bun	(d/t) –	
lie	(b/p) –	
kal	(d/t) –	
gesun	(d/t) –	
klu	(g/k) –	
wil	(d/t) –	
frem	(d/t) –	
wüten	(d/t) –	
plum	(b/p) –	
al	(d/t) –	

2

Partnerdiktat

Lass dir die Wörter diktieren.
Schreibe sie auf die nächste Seite.

Herd
Krug
Mond
Sieb
Weg
Rad
Lob
Mund
Sand
Urlaub
Grab
Hund
Sieg

4

Verlängern – g oder k, b oder p bei Verben

Partnerdiktat

Schreibe die Wörter, die dir dein Partnerkind diktiert hat. Kontrolliere anschließend.

Bei Verben kannst du die Grundform suchen, um herauszufinden, ob sie mit einem b oder p oder mit einem g oder k geschrieben werden.

1 Schreibe die Verben und ihre Grundform auf.

Verb		– Grundform
lag	(g/k)	– liegen
le__t	(b/p)	–
tru__	(g/k)	–
win__t	(g/k)	–
ga__	(b/p)	–
kle__te	(b/p)	–
star__	(b/p)	–
sa__te	(g/k)	–
flie__t	(g/k)	–
den__t	(g/k)	–
ü__t	(b/p)	–
gi__t	(b/p)	–
mer__t	(g/k)	–

2

Verwandte Wörter

1 Bei manchen Wörtern ist es am einfachsten, ein anderes verwandtes Wort zu suchen, in dem d, b oder g gut zu hören sind. Suche die Wortpaare und schreibe sie auf.

~~Schuld~~, Wunde, lieb, sandig, Wind, ~~schuldig~~, wund, luftig, wird, Liebe, Sand, Ende, genug, Runde, windig, Zeit, genügend, weg, zeitig, Luft, Schräge, werden, endlich, Wege, rund, schräg

Schuld	schuldig

2

Partnerdiktat

Lass dir die Wörter diktieren.
Schreibe sie auf die nächste Seite.

Laub
Lob
Staub
wird
bald
sind
genug
Montag
Dienstag
Donnerstag
Freitag
Samstag
Sonntag

LZK 4

Partnerdiktat

Schreibe die Wörter, die dir dein Partnerkind diktiert hat. Kontrolliere anschließend.

1 Hier findest du viele Wörter mit einem einfachen t oder einem doppelten tt.
Untersuche zuerst die Vokale, die davorstehen.
Sind sie lang oder sind sie kurz? Markiere.

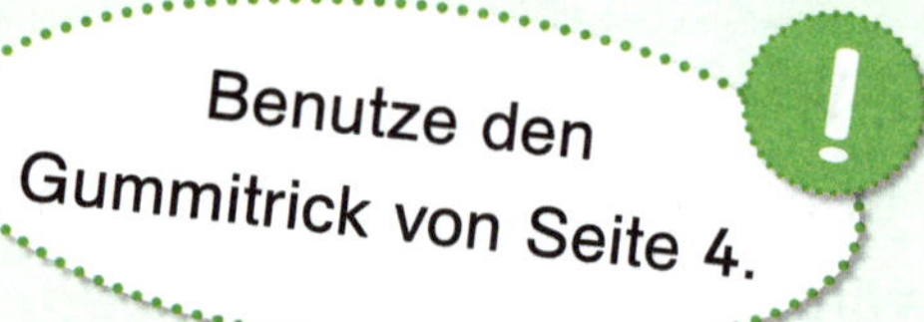

Bett, Kater, Fett, Tomate, füttern, Vater, Datum, glatt, Gebiet, hatte, bitte, raten, Mittag, Blut, Blatt, Spinat, nett, Miete, komplett, rot, Schatten

2 Trage die Wörter von Aufgabe 1 in die richtige Liste für lange und kurze Vokale ein:

→ Kater,

• Bett,

2

Wörter mit f oder ff

1 Hier findest du viele Wörter mit einem einfachen f oder einem doppelten ff.
Untersuche zuerst die Vokale, die davorstehen.
Sind sie lang oder sind sie kurz? Markiere.

! Benutze den Gummitrick von Seite 4.

Affe, Brief, Beruf, Giraffe, Hafen, Hof, hoffen, Käfer, Kaffee, Kiefer, Koffer, Löffel, Ofen, offen, rufen, Schaf, schief, Schiff, schlafen, Sofa, Stoff, Strafe, tief, treffen

2 Trage die Wörter von Aufgabe 1 in die richtige Liste für lange und kurze Vokale ein:

→ Brief,

• Affe,

Partnerdiktat

Lass dir die Wörter diktieren.
Schreibe sie auf die nächste Seite.

bitten
Brett
Futter
Gewitter
kaputt
Quartett
Mutter
Rettung
satt
Wetter
Butter
Gott
klettern

Wörter mit m oder mm

Partnerdiktat

Schreibe die Wörter, die dir dein Partnerkind diktiert hat. Kontrolliere anschließend.

1 Hier findest du viele Wörter mit einem einfachen **m** oder einem doppelten **mm**.
Untersuche zuerst die Vokale, die davorstehen.
Sind sie lang oder sind sie kurz? Markiere.

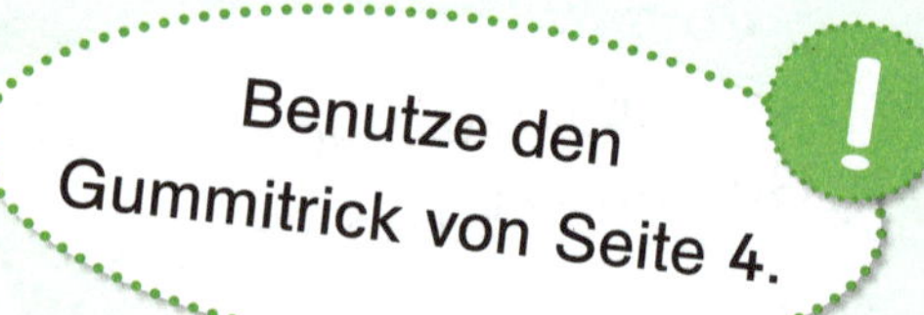

Blume, Kamm, bekommen, Hummel, Strom, lahm, Lama, sammeln, brummen, Hammer, Name, kommen, immer, Sommer, Ameise, Pommes, Samen, zusammen

2 Trage die Wörter von Aufgabe 1 in die richtige Liste für lange und kurze Vokale ein:

→ Blume,

• Kamm,

Wörter mit l oder ll

1 Hier findest du viele Wörter mit einem einfachen l oder einem doppelten ll.
Untersuche zuerst die Vokale, die davorstehen.
Sind sie lang oder sind sie kurz? Markiere.

Benutze den Gummitrick von Seite 4.

alle, Australien, Ball, Befehl, Brille, egal, fallen, holen, hallo, Juli, malen, Polen, Quelle, rollen Schal, schnell, Schule, Stelle, Stiel, still, Teller, toll, viel, voll, Wal, Wolle, Ziel

2 Trage die Wörter von Aufgabe 1 in die richtige Liste für lange und kurze Vokale ein:

➡

• alle,

Partnerdiktat

Lass dir die Wörter diktieren.
Schreibe sie auf die nächste Seite.

bestimmt
dumm
Himmel
kämmen
krumm
Gramm
Nummer
Programm
schlimm
Schwamm
schwimmen
Stimme
Zimmer

4

Partnerdiktat

Schreibe die Wörter, die dir dein Partnerkind diktiert hat. Kontrolliere anschließend.

1 Hier findest du viele Wörter mit einem einfachen **n** oder einem doppelten **nn**.
Untersuche zuerst die Vokale, die davorstehen.
Sind sie lang oder sind sie kurz? Markiere.

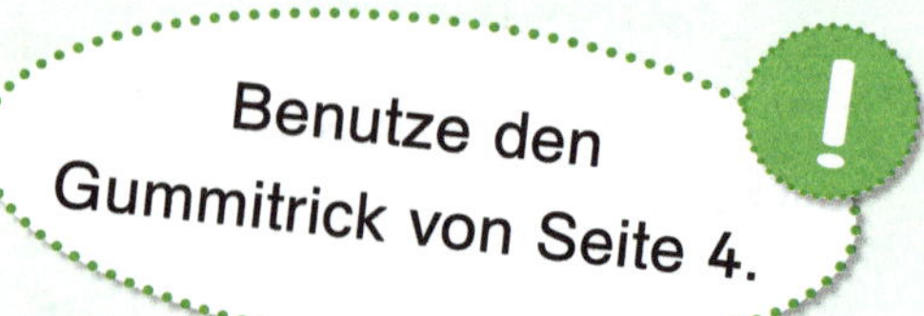

beginnen, Biene, Delfin, Donner, dünn, Gardine, gewinnen, grün, Juni, kann, König, Mann, Melone, Monat, Plan, schön, Sinn, Sonne, Spinne, Träne, wenig, wenn, Zitrone

2 Trage die Wörter von Aufgabe 1 in die richtige Liste für lange und kurze Vokale ein:

➡

• beginnen,

Doppelkonsonanten – Lückentext

1 Trage die Wörter aus dem Kasten richtig in die Lücken ein.

allein, alles, bekommt, Bett, Bett, dumm, Gewitter, hatte, hell, Himmel, kommt, Mutter, Nachmittag, Schatten, schlimm, schlimmen, schnell, Stamm, Wetter, will, ~~Zimmer~~, zusammen

Timo liegt in seinem Zimmer im ______.

Er ______ einen ______ Traum.

Da hört er ein ______.

Heute ______ war schon ein komisches ______.

Da leuchtet der ______ plötzlich ______.

Er sieht aus dem Fenster.

Am ______ des Baumes sieht er einen ______.

Timo ______ sich zwar ______ vor,

aber er ______ ein wenig Angst

und ______ nicht ______ sein.

Er geht ______ zu seiner ______

und kriecht in ihr ______.

Mit Mama ______ ist ______

nicht mehr so ______.

Wichtige Wörter

Setze die Reihe fort:

denn

dann

wann

denn

dann

wann

1 Hier findest du viele Wörter mit einem einfachen **p** oder einem doppelten **pp**.
Untersuche zuerst die Vokale, die davorstehen.
Sind sie lang oder sind sie kurz? Markiere.

! Benutze den Gummitrick von Seite 4.

Antilope, Biotop, doppelt, Europa, Gruppe, Hupe, Japan, kippen, klappen, Lupe, Mappe, Pappe, piepen, Raupe, schleppen, schnappen, super, Stapel, Teppich, Tipp, Treppe

2 Trage die Wörter von Aufgabe 1 in die richtige Liste für lange und kurze Vokale ein:

→ Antilope,

•

3

Wörter mit r oder rr

1 Hier findest du viele Wörter mit einem einfachen **r** oder einem doppelten **rr**.
Untersuche zuerst die Vokale, die davorstehen.
Sind sie lang oder sind sie kurz? Markiere.

Benutze den Gummitrick von Seite 4. !

Amerika, Dürre, Ferien, gar, Geschirr, Gitarre, Haar, Herr, hören, irren, Karren, klar, knurren, murren, Narr, Natur, Schere, schwierig, sparen, starr, stören, zerren

2 Trage die Wörter von Aufgabe 1 in die richtige Liste für lange und kurze Vokale ein:

→ Amerika,

•

Partnerdiktat

Lass dir die Wörter diktieren.
Schreibe sie auf die nächste Seite.

begonnen
brennen
donnern
gewonnen
gekonnt
kennen
offen
Schloss
Sonne
Tanne
toll
Tonne
voll

4

Wörter mit s oder ss

Partnerdiktat

Schreibe die Wörter, die dir dein Partnerkind diktiert hat. Kontrolliere anschließend.

1 Hier findest du viele Wörter mit einem einfachen **s** oder einem doppelten **ss**.
Untersuche zuerst die Vokale, die davorstehen.
Sind sie lang oder sind sie kurz? Markiere.

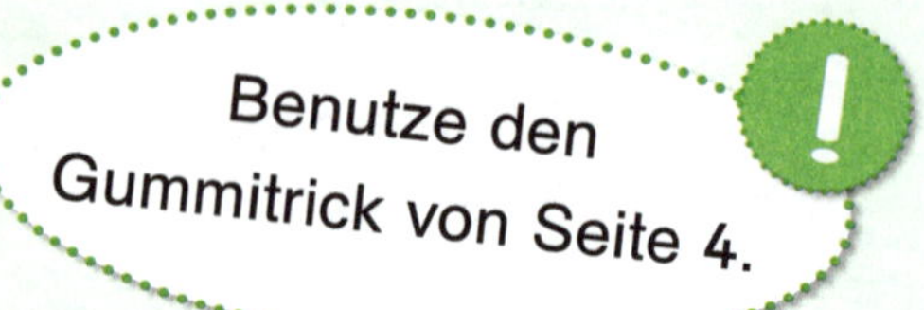

besser, böse, diese, Dose, essen, Esel, Fluss, Gemüse, Gras, Hase, Käse, Kissen, Klasse, Kuss, lassen, müssen, Nase, nass, Rasen, Riese, rosa, Schloss, Tasse, Wasser

2 Trage die Wörter von Aufgabe **1** in die richtige Liste für lange und kurze Vokale ein:

➡

• besser,

1 Schreibe die Reimwörter auf.

Mutter	Blatt
B	s
F	m
K	gl
	pl

Bett	Mann
n	k
f	beg
Br	d
Tabl	w
Ball	

Kamm	Ball
L	F
Schw	Kn
D	W
Gr	Sch

Partnerdiktat

Lass dir die Wörter diktieren.
Schreibe sie auf die nächste Seite.

brummen
Butter
dumm
Fluss
Futter
Gruppe
Hummel
Kuss
Nummer
Nuss
Teller
tippen
wissen

4

Wörter mit ck

Partnerdiktat

Schreibe die Wörter, die dir dein Partnerkind diktiert hat. Kontrolliere anschließend.

Statt einem Doppel-**kk** schreiben wir das **ck**!

1 Hier findest du viele Wörter mit einem **ck**. Untersuche zuerst die Vokale, die davorstehen. Sind sie lang oder sind sie kurz? Markiere.

Benutze den Gummitrick von Seite 4.

backen, Stück, trocken, Blick, dick, Jacke, lecker, Dreck, Wecker, Zucker, eckig, Hecke, nackt, packen, Rücken, Sack, Brücke, Decke, Schreck, stecken, Fleck, wackeln, Glück, zurück

2 Schreibe hier alle Wörter ab, die vor dem **ck** einen kurzen Vokal haben. Wenn du schon nach dem ABC ordnen kannst, dann schreibe die Wörter geordnet auf.

backen,

Doppelkonsonanten – Kreuzworträtsel

1 Löse das Kreuzworträtsel.
Schreibe jeden Buchstaben in ein eigenes Kästchen.

! In jedem Wort ist mindestens ein Doppelkonsonant wie **nn** versteckt!

1.
2.
3.
4.
5.
6.
7. Ü
8.
9.
10.
11.
12. Ü

1. Spielzeug mit Armen und Beinen
2. Gruppe in einer Schule
3. Gerät zum Anzeigen der Himmelsrichtung
4. Damit kann man besser sehen, wenn die Sonne scheint.
5. Schmeckt vielen mit Tomatensoße gut.
6. Wochentag
7. Damit schließt man die Tür auf.
8. Wochentag
9. Großes Boot
10. Blitz und Donner gehören dazu.
11. Gruppe von Fußballspielern
12. Schreibgerät mit Tinte

Lösungswort: ____________________

Partnerdiktat

Lass dir die Wörter diktieren.
Schreibe sie auf die nächste Seite.

Bäcker
Block
dreckig
drücken
Ecke
Geschmack
glücklich
Druck
wecken
gucken
pflücken
Rock
schlucken

4

Partnerdiktat

Schreibe die Wörter, die dir dein Partnerkind diktiert hat. Kontrolliere anschließend.

Statt einem Doppel-**zz** schreiben wir das **tz**!

1 Hier findest du viele Wörter mit einem **tz**. Untersuche zuerst die Vokale, die davorstehen. Sind sie lang oder sind sie kurz? Markiere.

! Benutze den Gummitrick von Seite 4.

Blitz, jetzt, Nutzen, putzen, Schmutz, Katze, Mütze, nützen, Platz, Schatz, Pfütze, Witz, plötzlich, platzen, schwitzen, kratzen, letzte, setzen, Gesetz, Hitze, Spitze

2 Schreibe hier alle Wörter ab, die vor dem **tz** einen kurzen Vokal haben. Wenn du schon nach dem ABC ordnen kannst, dann schreibe die Wörter geordnet auf.

• Blitz,

Kurze Vokale: u

1 In jedem Wort aus diesem Kasten kommt ein kurzes **u** vor.

- Wenn du das Wort normal sprichst, hörst du direkt danach zwei verschiedene Konsonanten? Dann markiere diese Konsonanten rot.
- Oder hörst du nur einen Konsonanten? Dann markiere diesen Konsonanten blau. Handelt es sich um einen Doppelkonsonanten, markiere beide Buchstaben blau.

! Dies ist eine Hörübung, du kannst sie am besten in Partnerarbeit bearbeiten: Ein Kind spricht den Begriff vor, das andere Kind versucht, mit geschlossenen Augen herauszubekommen, ob man einen oder zwei verschiedene Konsonanten hören kann.

Hund, Butter, Futter, Kuss, Kunst, Luft, bunt, Mutter, Nummer, gesund, Puppe, Burg, Turm, dumm, Gruppe, Hummel, Mund, Frucht, Fluss, Wunsch

2 Schreibe die Wörter von Aufgabe 1 richtig in die Tabelle.

Ich höre zwei verschiedene Konsonanten:	Ich höre nur einen Konsonanten:
Hund,	Butter,

Wichtige Wörter

Setze die Reihe fort:

soll
kann
muss
soll
kann
muss

1 In jedem Wort aus diesem Kasten kommt ein kurzes **o** vor.
Führe mit einem anderen Kind die gleiche Hörübung wie auf S. 41 durch. Hörst du nach dem **o** zwei verschiedene Konsonanten, markiere sie rot. Hörst du nur einen Konsonanten, markiere ihn blau.

kommen, Korb, Post, oft, rollen, Wort, Schloss, sollen, Erfolg, Sommer, stolz, toll, wollen, Wolf, Mond, Donner, doppelt, Dorf, hoffen, Gold

2 Schreibe die Wörter von Aufgabe **1** richtig in die Tabelle.

Ich höre zwei verschiedene Konsonanten:	Ich höre nur einen Konsonanten:
Korb,	kommen,

Kurze Vokale: a

1 In jedem Wort aus diesem Kasten kommt ein kurzes a vor.
Führe mit einem anderen Kind die gleiche Hörübung wie auf S. 41 durch. Hörst du nach dem a zwei verschiedene Konsonanten, markiere sie rot. Hörst du nur einen Konsonanten, markiere ihn blau.

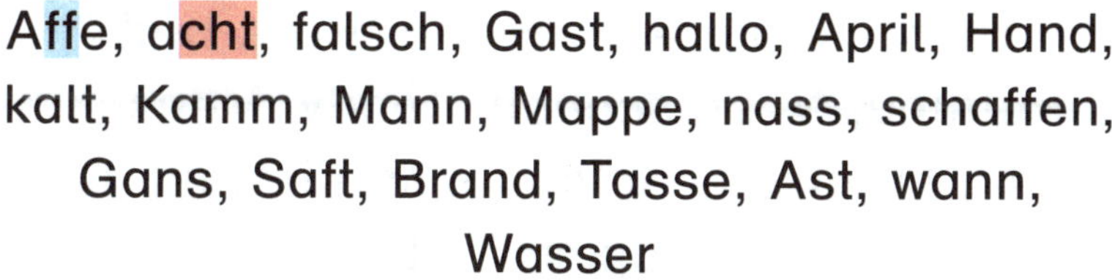

Affe, acht, falsch, Gast, hallo, April, Hand, kalt, Kamm, Mann, Mappe, nass, schaffen, Gans, Saft, Brand, Tasse, Ast, wann, Wasser

2 Schreibe die Wörter von Aufgabe 1 richtig in die Tabelle.

Ich höre zwei verschiedene Konsonanten:	Ich höre nur einen Konsonanten:
acht,	Affe,

Partnerdiktat

Lass dir die Wörter diktieren.
Schreibe sie auf die nächste Seite.

besser
brennen
fallen
fressen
kennen
Lasso
Messer
rennen
Rettung
Rinne
Sessel
stellen
Teller

4

Partnerdiktat

Schreibe die Wörter, die dir dein Partnerkind diktiert hat. Kontrolliere anschließend.

1 In jedem Wort aus diesem Kasten kommt ein kurzes **e** vor.

Führe mit einem anderen Kind die gleiche Hörübung wie auf S. 41 durch. Hörst du nach dem **e** zwei verschiedene Konsonanten, markiere sie rot. Hörst du nur einen Konsonanten, markiere ihn blau.

Bett, Geld, denn, Hemd, Herr, nett, Rettung, Nest, schnell, Teddy, Mensch, wenn, bremsen, Delfin, echt, elf, fest, hell, Teppich, Zelt

2 Schreibe die Wörter von Aufgabe 1 richtig in die Tabelle.

Ich höre zwei verschiedene Konsonanten:	**Ich höre nur einen Konsonanten:**
Geld,	Bett,

Kurze Vokale: i

1 In jedem Wort aus diesem Kasten kommt ein kurzes i vor.
Führe mit einem anderen Kind die gleiche Hörübung wie auf S. 41 durch. Hörst du nach dem i zwei verschiedene Konsonanten, markiere sie rot. Hörst du nur einen Konsonanten, markiere ihn blau.

Anpfiff, Bild, Blinde, bitte, Insel, bist,
Brille, gewinnen, finden, Himmel, Kiste,
Mittag, Schiff, Kind, schlimm, Tipp, Wind,
Milch, Zimmer, Birne

2 Schreibe die Wörter von Aufgabe 1 richtig in die Tabelle.

Ich höre zwei verschiedene Konsonanten:	Ich höre nur einen Konsonanten:
Bild,	Anpfiff,

Wichtige Wörter

Setze die Reihe fort:

ob
noch
oft
ob
noch
oft

LZK 3

Wenn Wörter nicht mehr in eine Reihe passen, kann man sie zwischen zwei Silben mit einem Trennstrich trennen.

–

Einkaufsliste:
• 2 Tafeln Schokolade
• 500gr Vogelkäfigsand
• 3x Bananenpudding

Einkaufsliste:
• 2 Tafeln Schoko-lade
• 500gr Vogelkä-figsand
• 3x Bananen-pudding

1 Setze bei den folgenden Wörtern Striche zwischen die Silben:

Scho|ko|la|de, Angeber, November, Papagei, Banane, Gemüse, Hundeleine, Vogelkäfig, Kleiderbügel, Lexikon, Minute, Pyramide, Schaukelpferd, Großvater, Wurzel

2 Schreibe nun die Wörter von Aufgabe 1 mit Trennstrichen ab:

Scho-ko-la-de,

5

Silbentrennungen

Es gibt einige Besonderheiten beim Trennen von Silben.
ro-cke en-ne
it-ze in-ge

!

1 Setze bei den folgenden Wörtern Striche zwischen die Silben:

Ham|mer, Halle, Bäcker, Hitze, Pfannen, Spange, Zange, kratzen, Treppe, dreckig, Mütze, Angel, bringen, Karre, Hecke, Pfütze, Sätze, Flosse, drängeln, Engel, schmutzig, Jacke, lecker, setzen, pflücken, Ratte, schmecken, fangen

2 Trage nun die Wörter von Aufgabe 1 mit Trennstrichen in die richtige Spalte ein:

Doppelkonsonanten	ck	tz	ng
Ham-mer			

3 Schreibe den folgenden Text unten auf die Seite 48.
Markiere zunächst schwierige Stellen, auf die du besonders achten musst, wie zum Beispiel Doppelkonsonanten, **tz** oder **ck**.

Lotta hat eine neue Katze. Sie hatte lange gebettelt, bis ihre Mutter endlich zugestimmt hatte. Tatze hat ganz lockiges Fell. Das muss Lotta immer kämmen. Sie will sich immer um Tatze kümmern.

Das silbentrennende h

Wenn du diese Wörter sprichst, hörst du das **h** kaum: Ruhe, nähen. Teilst du sie in Silben auf, kannst du das **h** deutlich erkennen: Ru-he, nä-hen. Weil dieses **h** am Anfang der neuen Silbe die Silben voneinander trennt, nennt man es „silbentrennendes **h**“.

1 Setze bei den folgenden Wörtern Striche zwischen die Silben:

blü|hen, drohen, drehen, fliehen, Flöhe, Krähe, leihen, mähen, Mühe, Rehe, ruhen, Schuhe, sehen, Truhe, wehen

2 Schreibe die Wörter aus Aufgabe **1** mit Trennstrichen ab. Markiere das silbentrennende **h** farbig.

blü-hen,

2 Hier ist Platz für den Abschreibtext von Seite 47. Kontrolliere am Ende genau.

L

Das silbentrennende h

1 Hier findest du viele Wörter mit silbentrennendem h. Manchmal musst du ein verwandtes Wort suchen, in dem das h auch wirklich silbentrennend und gut zu hören ist.

sehen, Kuh, sieht, Schuh, stehst, seht, Kuhstall, gehst, Gehweg, siehst, steht, Frühblüher, Zehennagel, Zeh, ziehen, Krähe, stehen, Krähen, Gehstock, abmühen, gehen, Mühe, drehen, blühen, Kühe, Schuhe, Zehen, zieht, krähen, ziehst, kräht, dreht, mühevoll, drehst, glüht, mühsam, Drehorgel, geht

Schreibe alle Wörter, die zusammengehören, jeweils in eine Reihe. Benutze für jede Gruppe eine eigene Reihe.

sehen, sieht,

Kuh,

2 Markiere das silbentrennende h in den Wörtern von Aufgabe 1 farbig.

Wörter mit h

1 Setze die Wörter aus dem Kasten passend in die Lücken ein.

dreht, flieht, früh, gehe, gehen, gehen, Krähen, Kühe, Mühe, muhen, näher, Reh, Reh, Schuhe, sehen, sehen, stehen, steht, Zehen, ziehe

Es ist noch ganz ______. Draußen ist es kalt. Ich ______ die warmen ______ an und ______ mit Papa zum Wald. Auf dem Zaun sitzen einige ______ und ______ uns zu. Auf der Weide ______ ein paar ______ und ______. Wir ______ weiter bis zum Wald. Die ______ hat sich gelohnt: Am Waldrand ______ ein ______ mit seinem kleinen Kitz. Wir ______ ganz still ______ heran. Ich stelle mich auf die ______, um besser ______ zu können. Da kommt ein Auto, das ______ ______ den Kopf und ______ mit dem Kitz wieder in den Wald.

Wörter mit silbentrennendem h richtig schreiben

1 Finde jeweils ein verwandtes Wort, in dem das h silbentrennend und gut hörbar ist. Markiere das h in beiden Wörtern farbig.

froh	fro-her
verzeiht	
verstehst	
mähst	
Floh	
früh	
sieht	
leiht	
drohst	
roh	
Glühlampe	
geschieht	
gehst	
Reh	
Verleih	
nah	
Schuh	

Partnerdiktat

Lass dir die Wörter diktieren.
Schreibe sie auf die nächste Seite.

Uhu

Reihe

Nähe

höher

Truhe

Mühe

gehen

nahe

Höhe

Ruhe

blühen

mähen

Zehen

4

Partnerdiktat

Schreibe die Wörter, die dir dein Partnerkind diktiert hat. Kontrolliere anschließend.

1 Schreibe die Reimwörter auf.

sehen	Reh
fl	Z
dr	Heimw
g	g
st	
gesch	Floh
verst	r
w	fr
Z	Str
	Ruhe
	Tr
	Sch
Krähen	Reihen
m	l
n	verz
bl	ged

Silbentrennendes h – Kreuzworträtsel

1 Löse das Kreuzworträtsel.
Schreibe jeden Buchstaben in ein eigenes Kästchen.

1. Schreckliches Fabelwesen
2. Ein weißes Getränk von Tieren, die „muhen“
3. Die erste Mahlzeit des Tages
4. Wenn du dich umdrehst, machst du eine ...
5. Christliches Fest im Dezember
6. Früh blühende Blumen wie Schneeglöckchen, Tulpen und Osterglocken
7. Möbelstück, in dem Schuhe offen gelagert werden
8. Gerät, mit dem der Rasen kurz geschnitten wird
9. Tisch, an dem man stehen kann
10. Markt, auf dem jeder Dinge verkaufen kann, die er nicht mehr braucht
11. Deutsches Wort für TV
12. Die harte Schicht an der Spitze der Zehen

Lösungswort: ____________________

Das versteckte r

Bei manchen Wörtern schreibt man ein **r**, obwohl man es kaum oder gar nicht hören kann: Garten, wir, Bär.
Das hängt auch ein wenig davon ab, in welcher Gegend du wohnst oder ob du einen Dialekt sprichst.

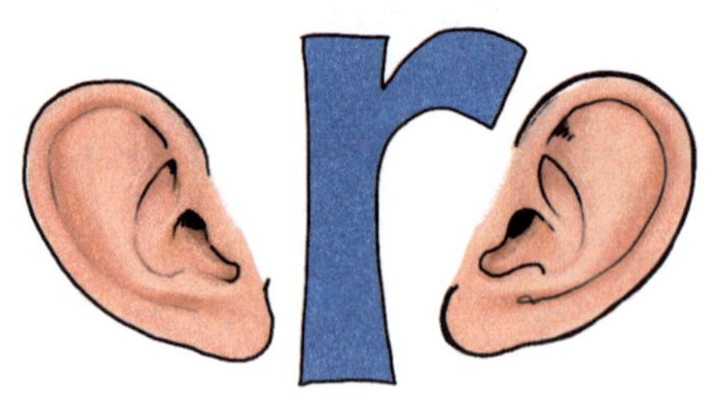

1 Markiere bei allen Wörtern im Kasten das **r** farbig.

2 Am besten bearbeitest du diese Hörübung in Partnerarbeit.

- Ein Kind spricht den Begriff ganz normal vor, das andere Kind sagt mit geschlossenen Augen, ob man ein **r** hören kann.
- Kannst du es kaum oder gar nicht hören? Dann unterstreiche das Wort.

Durst, Fernseher, zur, Rose, Rabe, Radio, mehr, Urlaub, Berg, Kirche, Nachbar, paar, Birne, Pferd, morgen, versuchen, werden, werfen, wird, darf, durch, er, Feuerwehr, für, Haar, gern, Kirsche, ihr, nur, mir, Stern, wahr, wirft, vor, wer, schwarz, Uhr, Rasen, Vampir, sehr, raten, Raupe, Karten, hier, raus, kurz, grün, Afrika, leer, reden, Regen, Jahr, lernen, reich, vier, Korb, reif, dir, dort, Reis, davor, dürfen, reiten, Ring, rot, rufen, Ruhe, Chor, der, Burg, rund, April, fertig, Geburt, Beruf, Brand, Brille, Draht, vergessen, Vorfahrt, Dreck, fremd, froh, Giraffe, groß, hören, kräftig, Messer, Schreck, schwierig, trocken

3 Schreibe hier und auf der nächsten Seite die Wörter auf, die du oben unterstrichen hast.

Durst

Wichtige Wörter

Setze die Reihe fort:

zur

nur

für

zur

nur

für

Brauchst du mehr Platz, dann schreibe die restlichen Wörter in dein Heft.

Lückentext mit r-Wörtern

1 Schreibe die Wörter aus dem Kasten passend in die Lücken.

Berge, Berta, darf, der, durch, Eltern, erwarten, hier, Karl, Martin, Morgen, nirgendwo, sicher, sogar, Sterne, Urlaub, Wanderkarte, wandern, werden, werden

Martin ________ mit Oma ________ und Opa ________ in ________ fahren. Er kann es kaum ________. Sie fahren mit dem Zug in die ________. Am Ende fährt ________ Zug ________ ________ einen Tunnel. Endlich sind sie da. Am Abend hat ________ das Gefühl, die ________ sind ________ so hell wie ________. Am ________ ________ sie ________. Martin hat von seinen ________ eine ________ geschenkt bekommen. Er ist sich ________, das ________ tolle Tage.

Wörter mit Dehnungs-h

1 Hier findest du viele Wörter mit einem h.
Untersuche zunächst den Vokal, der jeweils davorsteht. Ist er kurz oder lang? Markiere kurze Laute mit einem Punkt und lange Laute mit einem Pfeil.

Bahn, fahren, mehr, ohne, bezahlen, Draht, Huhn, Ohr, Gefahr, Hahn, Sohn, Wahl, Lehrer, wohl, Jahr, Naht, zehn, Lohn, Wohnung, belohnen, Zahl, Fehler, Bohne, hohl, Stuhl, Uhr, sehr

2 Schreibe hier alle Wörter von Aufgabe 1 ab, die vor dem h einen langen Vokal haben. Man nennt das h in diesem Fall auch Dehnungs-h, weil es den Vokal „dehnt", also lang zieht.
Wenn du schon nach dem ABC ordnen kannst, dann schreibe die Wörter geordnet auf.

→ Bahn

3 Markiere die Dehnungs-h in Aufgabe 2 farbig.

Reimwörter

Schreibe die Reimwörter:

Tor
v
Ch
Dokt
Mot

Morgen
S
b
verb
bes

Tier
v
Klav
G
Pap

Dehnungs-h – Kreuzworträtsel

Wichtige Wörter

Setze die Reihe fort:

wohl

zehn

sehr

wohl

zehn

sehr

1 Löse das Kreuzworträtsel.
Schreibe jeden Buchstaben in ein eigenes Kästchen.

In jedem Wort ist ein Dehnungs-h versteckt!

1.

2.

3.

4.

5.

6.

7.

8.

9.

1. Leider waren im Diktat viele …
2. Ein weiblicher Lehrer
3. Für den Finder gibt es manchmal eine …
4. Dieses Fahrzeug fährt auf Schienen aus Eisen.
5. Schmuckstück für die „Hörmuscheln“
6. Der erste Teil der Telefonnummer
7. Ein Warnschild warnt meistens vor einer …
8. Das Kind der Eltern, aber keine Tochter
9. Eine Art Faden aus Metall

Lösungswort:

3

Dehnungs-h – Reimwörter

1 Schreibe die Reimwörter.

Bahn	Kohl	sehr
K	h	Verk
H	W	m
Z	sow	Rückk
W	obw	
Ur		
		Zahl
	Sohn	M
wahr	L	W
Gef	H	k
Schulj	M	St
Vorf	Argw	Pf

3 Schreibe den folgenden Text unten auf Seite 60 ab.
Markiere zunächst schwierige Stellen, auf die du besonders achten musst, zum Beispiel stumme **h** oder **r**.

Frau Lehrerin Kehl sieht die Hefte nach. Oh je, so viele Fehler. Sie zählt und zählt und hört bei zehn auf. Sie stöhnt sehr laut auf ihrem Stuhl und sieht auf die Uhr. Da bleibt uns wohl keine Wahl, denkt sie. Wir üben weiter.

Sammlung wichtiger Wörter

1 Du hast auf einigen Seiten wichtige Wörter zum Merken geübt. Sammle sie hier noch einmal auf einer Seite:

S. 17:

S. 34:

S. 42:

S. 45:

S. 55:

S. 58:

2 Hier ist Platz für den Abschreibtext von Seite 59. Kontrolliere am Ende noch einmal ganz genau.

F

LZK 5